AF218079

Javier Yániz Ciriza

OTRA CORTESÍA

EOLAS horizontes

EOLAS horizontes
Dirección editorial: Héctor Escobar
Coordinador de la colección: Juan Álvarez Iglesias
Diseño y maquetación: Lorenzo Roal

www.eolasediciones.es

© Javier Yániz Ciriza, 2025
© fotografía del autor: Manuel Castells
© del epílogo: Juan Álvarez Iglesias
© de esta edición: Eolas ediciones

ISBN: 979-13-87753-51-1
DL: LE 431-2025

Cualquier forma de reproducción, distribución, comunicación pública o transformación de esta obra solo puede ser realizada con la autorización de sus titulares, salvo excepción prevista por la ley. Diríjase a CEDRO (Centro Español de Derechos Reprográficos) si necesita fotocopiar o escanear algún fragmento de esta obra.

www.conlicencia.com
91 702 19 70 / 93 272 04 45

Impreso en España

Nunca voy a ser más que una
guerrillera del amor.

ANA MARÍA RODAS

Doussa car'a totz ayps volgutz
sofrir m'er per vos manhs orguelhs[1].

ARNAUT DANIEL

---

[1] *Dulce cara con todas las virtudes queridas / por vos tendré que soportar muchas afrentas* (traducción de Carlos Alvar).

/ ADVERTENCIA /

Este poemario es un paso atrás,
una arqueología metafórica
de una derrota.
Una derrota.

Iᴬ PARTE

AMOR CORTÉS
O DE LA CARNE
Y LA LUCHA
POR ESTAR
AQUÍ

KOSOVO

Si hablas de límites, fronteras, ¿dónde empiezas tú?
¿dónde mi respiración, dónde tu boca? Y me dices,
mientras el beso, «¿reconoció el gobierno a Kosovo?»
y puede que en mi saliva: una respuesta, un borde
y somos, mientras el beso, un túnel de vísceras
«¿y cuántos kilómetros minados, y alambre de espino?».

De extremo a fin, kilómetros de tripa, mientras un beso.
Porque si hablas de límites: lengua, y tú «¿me reconoces?»
y te podría decir que me sabe dulce o salada o amarga o umami
tu saliva, o agria; pero, confundidas, me sabe a mi propia saliva:
neutra, insípida, tu saliva como la mía propia y siendo tuya.

En silencio pudimos nombrar todos los músculos de la cara
cómo si fuera necesario en un beso con lengua conocer
el funcionamiento del artefacto, pero nos decimos
«te reconozco». Separamos los labios. Te reconozco
territorio de lengua: un discurso de respiración
y, ahora te digo, yo te digo: «quiero ser, te quiero
ser contigo en este largo beso». Te digo: «¿me reconoces?».
Kosovo, con lengua o sin lengua, Kosovo.

PEQUEÑA

Voy a ser ingenuo al creer que puedo englobar
en estas hojas todos los cuerpos, kilómetros
de piel como una sábana palpitante y las entrañas.
Y, aun así, tengo la esperanza de que en una palabra
se descubra la carne.

CAMBIARLO DE SITIO ES
HACERLO DE NUEVO

Donde el sol calla, construiré tu estatua
con los restos de esa espuma de afeitar
que reniega a tragarse mi lavabo.
Donde el sol calla, sin oración,
pero en una contemplación reveladora,
habibi, construiré tu estatua con lo efímero:
luz silenciosa con tres gotas de sangre,
una punta de papel higiénico y un pelo
enquistado, *habibi*, y que nos consumimos...
y lo cotidiano es todos los días
y el sol calla como todos los días.

GENTE QUE HACE COSAS

*Nueva York es un delirio donde aprender
a amar.*

REM KOOLHAAS

Sobre aquel lenguado gigantesco lenguado
extendido sobre una roca que llaman Nueva York,
le reconocí gracias a ese gesto de marcar
a los turistas tocándoles el hombro:
«¿Qué haces aquí tan lejos de nuestra casa?».
Lo habían contratado, aunque de esto
me enteraré más tarde, para orquestar
el asesinato del emir de las dunas;
esa noche, ajenos a las reglas del tablero,
celebramos caminar sobre las aguas.

IN A STATION OF THE

Te tomo las manos, las guardo en mi boca,
masco, compacto la arena con saliva.
El yeso que proyecto
con mi flema te recuerda
a las máscaras y escupo.

EL AGUA Y EL CAMBIO SON SINÓNIMOS

Que ni él ni yo bajemos la mirada.

TOMÁS SEGOVIA

En el estuario de Clyde, al sur de Escocia,
un tal Simón busca atravesar el agua
en una pequeña barca a vapor,
pero no hay forma de avivar la máquina
para que el motor mueva las aspas.
Es ahí cuando, con la parte trasera del martillo,
va desclavando Simón cada una de las tablas;
cada una se vuelve astilla y locomoción.
Iban quemándose las vigas
y como un avión queda una paralela blanca
sobre el reflejo del cielo, sobre el estuario:
Simón caminó sobre las aguas
hasta que las aguas lo devoraron todo.

SÍMIL

Hallar el encuentro.

SERGIO M. MORENO

Dicen que *encontrar* y *hallar* son cuasisinónimos
que podrían alojarse en un mismo hueco de la oración,
habitar con el mismo pálpito el enunciado,
y el matiz sería tan solo percibido por el lingüista
o tal vez por una estudiante finlandesa
que quiere ser tan precisa con el lenguaje ajeno
como si el lenguaje fuera una red
en donde todo deba permanecer tirante.

Y, sin embargo, leo «se hallaban tan encontradas»
o «se encuentra el hallazgo» o «encuéntrote hallado»
y me gusta pensar que en esos límites
el tacto y el estar contigo en el mundo
se hacen necesarios para resolver ambigüedades
o mejor, para ampliar el reino de las ambigüedades.
Porque aquí contigo el símil parece no ser posible.

Algo que espero encontrarme, se halla muy lejos.
Me hallo bien, pero me encuentro con pena
y tras la incertidumbre hallar el encuentro,
volverte a ver, reencontrarnos.

19

Porque ahora no estás aquí y me fallan los cuasisinónimos
y me fallan los verbos y me fallan todos los símiles.
Encuentro, no, hallo, no, encuentro, no,
hallo una canción o despedida o lo que sea,
porque te vas y no sé qué más decirte.

COLECTIVO CONTACTO

Mándame tu ubicación, esta tarde estoy libre
para deshacerme contigo y perderme en el mapa.
El punto azul parpadea y me siento más próximo;
la distancia se sitúa comprensiblemente en mi mano.
Quiero hablarte por fin cara a cara y decirte
que estoy aquí solo, que el texto es textura y tejido,
que soy obvio al decirte *¿qué tal?*, *¿buscas?* o *¿puedes?*
que vengo a bordar tus mensajes, entonces vibra y respondo.
El hito azul parpadea: diez minutos andando.
Un pliegue es un mapa y mi piel es un pliegue también.
Espérame, porque esta tarde estoy libre.

EL TATUAJE ES DE OTRO

Para M.

Llevabas un tatuaje en la tripa
con la siguiente oración: *la belleza
no basta.* Esta noche,
todo tatuaje guarda cierta intimidad
y este, diré, especialmente.
Besé con ternura el aforismo
y las letras se fueron diluyendo
en mi boca dulcemente, despacio
como un collar de perlas,
de perlas acumuladas
disueltas en la copa y te digo
concédeme tregua hoy.

PAGODA

Desde la Gran Muralla china se ven templos
reconvertidos en grandes almacenes.

WEN-YÌ-ZHANG

He leído no sé en dónde que el queso puede volverte loco
y no he tardado en comprarme una *fondue*
e invitar a todos los-que-ya-no-son-amigos.
Casi al final de la cena quizá uno me pregunte que
¿por qué tras tantos años, hoy esta fiesta?
señalaré la *fondue*, el tiempo es un abrazo y
el veneno que se extrae de las semillas del tejo
es prácticamente imperceptible con el Gouda.
Se marcharán entonces a sus casas y, tal vez, sueñen
con que son felices paseando hacia el supermercado.

PARECE QUE ES OFICIO
IMPOSTADO

Parece que es oficio barroco
u otro Renacimiento cuando
pasamos los días en perpetua
charla con los dedos
y los ojos vendados en escayola.
La rosa esa de Jericó
que conquistó tu invernadero
suelta un olor extraño
y no comprendo bien.
Te despides alargando un libro:
Supplemento al dizzionario italiano,
«aprende a pedir limosna»,
no sé hace tiempo de ti.

DIANE ARBUS, OSCURAMENTE

Cuando Whitman quiso fotografiar la promesa americana,
le respondí con la foto de unas gemelas y de un travesti
y rebusqué en mi chaqueta una tira de negativos
que compré en Juárez, porque allá se veían a dos amantes
bailando muy muy juntos como un vals o algo así,
porque estaba por aquí para no recuerdo qué.
Me señalé el bolsillo: «mira, *darling*, esta americana,
mira al objetivo, al ojo, intentas ser objetivo
te voy a contar un poema muy muy largo
donde se rompe y quedan cachitos y no puedo
seguir contigo más, tal vez, tal vez mañana
pueda repetirte estas líneas más lento
mírame, abrázame, cuento hasta tres y clic».
Apuntalo con dos chinchetas transparentes
esta fotografía, junto a las otras, y la miro,
oscuramente.

SIEMPRE REPITO LOS MISMOS GESTOS

Las ondas que tu cuerpo formulaba en la bañera
eran como rosas del desierto: aristas y ocres.
La espuma devolvía a los azulejos un gris tenue
y el vapor, clasificado por densidades,
configuraba el paisaje.
Estaba a punto de desbordarse la pila
y me sumergí, no me importó.
En la marisma no te encontré:
agua, agua, agua y jabón barato.

PIGMALIÓN GRANITO

Esta piedra no le dijo nada al cantero:
«no está la estatua en mí, no me desbastes,
verdaderamente no merezco la pena;
en el centro solo soy una veta de cuarzo,
mica y feldespato, aspiro a ser como mucho
una encimera donde alguien cortará zanahorias.
Por eso callo, soy consciente de lo que soy».
El cantero vendió la piedra barata,
la forjaron con hierro barato,
es ahora una mesa cara de jardín.

CALÍMACO

Antes de que pueda terminar, repite el eco
«es ya de otro».

EPIGRAMA II

Y descorrí la cortina color camel
para comprobar que la luz era naranja.
Mucho viento, sin calor, las hojas regias
del ficus eran grises, de un gris-fábrica cromosaturado;
y el asfalto era un estuco, resina oxidada,
y él, un empaste amarillo como de arena.
El cielo, desierto por la calima.

PHONE CALL O ESTE ES UN POEMA
DESCARTADO DE *AMÉRICA Y PAISAJE*

Claudia Williams, citada como ejemplo
prototípico de *spanglish*, no existe;
toda ella es un fragmento de una novela
que no existe y se repite en los manuales
de dialectología, se repite.
En el examen de acceso a la universidad
caí otra vez en sus palabras.
No existes y existes únicamente como voz:
«¿qué recursos lingüísticos emplea la autora
relacionados con el *spanglish*?»
Te llamo para atrás. Cógelo suave.

ABORA, MASPALOMAS

Cuando toda esta ciudad sea una ruina,
¿vendrán los turistas a sacarse fotos
entre los escombros de un hotel cuatro estrellas?
La piscina: una fosa de lascas de cal.
El comedor: un buffet frío lleno de rollitos primavera.
Habitación 767: una pareja de okupas hace el amor
«dime *pequeñoburgués*» y la chica no quiere
complacer sus fetiches fantásticos.
El bar: huele a café quemado y preparado de mojito.
Me imagino a una china, de Shanghái,
haciendo la última coreografía de moda en TikTok
en ese Abora Buena Ventura de Maspalomas,
esa ruina cerca de las dunas.

CUANDO LA FE MUEVE MONTAÑAS

> *Whereas the highly rational societies felt*
> *the need to create utopias, we of our times*
> *must create fables.*
>
> FRANCIS ALŸS

Cuando nos juntamos todos con nuestras palas
enfrente de aquella duna en Lima
para moverla escasos diez centímetros
me pareció imposible
y al regresar aquel día, acompañado
por más de cuatrocientos voluntarios
estaba seguro de que podría llamarla
Cuando la fe mueve montañas.
Algunas veces el hacer algo
no lleva a nada.

DECLARACIÓN DE
RESPONSABILIDAD

Escribir este libro es un fracaso, una ruina,
un paso atrás para convertirlo en un resto
y que del resto pueda emerger la luz.
Escribir como proceso y cambio,
como mutación y juego o lo que sea.
Inscribir, forzar, desaparecer.
Esto es un fracaso, un gesto sin importancia,
otra estafa más, otra cortesía.

AQUEL GESTO

Aunque solo nos conozcamos de vista,
hablemos del tacto, de esta sensación tan conocida
de pasar las hojas y de aquella posible noche
donde quizá bailemos juntos, hablemos,
hagámonos una fantasía, hablemos
y, aunque solo nos conozcamos de vista,
guardo cierta esperanza en que ocurra
quizá algo no sé dame una oportunidad
sé un poco comprensivo, no tengo mucha experiencia.
Ya solo falta encontrarnos y pasarse los contactos.

ROYAL

Sales del supermercado
apretando algo rojo, pequeño y cuadrado
y le cuentas que estás ya estás en la caja
y no tardarás mucho en llegar
le cuentas como si fuera tu móvil.
Acabas de robar un paquete
de levadura royal.
Fermín, tan sencillo que ni
la rima te importa.

SOLO QUIERO OÍR TU VOZ

Para Lorenzo Roal

Hazte un podcast para hablar de lo que quieras:
ese ex, cine francés, palabras que detestas,
lo último que leíste quizá de Villena o habla solo
de ti a corazón abierto, pelo enquistado,
porque dejaste de comer ensalada los jueves,
porque ya no llamas más a Juan y te sabes
lo de *en principio era la*, pero nadie te espera.
Me conectaré todos los domingos, fiel,
para comentarte un *qué bueno, qué gracioso*.
Cuéntame en tu podcast lo que quieras,
solo te exijo, que lo que quieras
sea una mentira entretenida.

CROL

Sobre un banco verde botella
de esos que te encuentras en Pamplona
te olvidaste el papel dedicado
que anotaba con letra cursiva
teléfono y código de acceso
y al día siguiente te das cuenta
de que no podrás volver a llamarle,
vetada quedó esa posibilidad.
Te resignas, no pretendes
esforzarte mucho más,
no queda otra.

ARQUEOLOGÍA DE LA LUZ

Y entre el barro emergió tu ingle
y el codo y el mordisco y las venas.
Entre las sábanas te me vas dando a trozos
y mi ternura explota
al sentir que te incorporas
en esta oscuridad tan azul y tan dura.
Después de esta noche tendré que aprenderme tu nombre.

WAVE

Termina cuarteada la voz
en este gesto, amplio gesto,
que o bien abarca el mundo
o se queda en un simple levantar las cejas,
mínimo, que se deshace y se olvida:
concreto, abstracto, ambas.
Así, la onda sobre el río
expresiva y mínima:
tú, yo, desaparezco.

ANTÍLOPE

Nacer es una oportunidad única.

GASPAR NOÉ EN *CLÍMAX*

Es anticlimático habla contigo.
No hacía ni frío ni calor en el autobús.
En la siguiente parada nos bajamos.
Ya en la taquilla me leíste:
Zoo cerrado.

HAY UNOS CUADROS ROJOS

De David Pérez Jiménez

En donde se descubren manchas rojas
que van formando pliegues rojos
y donde voy besando el rastro
cada vez más rojo y más rojo
hasta el azul más brillante,
y sudado y viscoso y tú mismo
hasta un azul vesicular.
Quiero que todo esto
sea un chasquido
para que me digas, por fin,
te has equivocado.

MIEMBRO FANTASMA

La pista se llenó de humo olor plátano
y las luces estroboscópicas proponían
tu rostro a trozos, a lo cubista,
a lo que nos enseñaron que era el cubismo:
se perdía mi mirada en un intento
por recomponer todo lo que fuiste.
Sentí de pronto que alguien me rozaba,
y quise creer que fueras tú, pero
era un chico que tenía un muñón
por brazo izquierdo, y solo
iba hacia la barra.

IIᴬ PARTE

HABIBI ES UN RÍO DE MURCIA
O UN POEMA ÉPICO MORISCO
QUE DA UN NUEVO TONO
A ESTO DE LA
NUEVA CORTESÍA

/ ADVERTENCIA /
Esta parte es un cuento,
un único poema largo que habla
de una ruptura
como la nuestra.

Desde A. L.

*Ya me dijeron que las adelfas son
lengua de navaja.*

JEAN GENET

*Nos separa el puente y el río pero aún
estamos muy cerca [...], vamos a la huerta.*

MARCELO CRIMINAL

PROEMIO

Te escuché una vez cantar la historia a trozos
de algo que no pasó, pero quiero
que me lo repitas ahora, que me lo repitas
cambiando donde dijiste tu nombre
por una flor cualquiera,
donde tu carne por un paisaje cualquiera,
donde *yo*, pon un mercurio que llames azogue
y sobre todo, miénteme.

PAISAJE REGIONAL

I

No sé qué nombre recibe la campana de la catedral
ni que historia, seguramente, mítica, guarda.
Pero siempre que repiquetea a eso de las diez se abre
un paisaje sonoro de esperanza y espera.
Y a eso de las doce, casi sin sombra, te encuentras paseando
por la vega a un mendigo que, con la mano extendida,
te pide sin efectismos dinero para aliviarse la adicción.
Los árboles son casi prehistóricos,
colosales en su tamaño en el jardín
que dicen de Floridablanca. No tengo
monedas para darte, pago todo con tarjeta.
Vuelvo sobre mis pasos.
Dicen que alguien vio moverse
los labios del sardinero en la plaza
de los Camachos, también el de Glorieta España.
El agua sobrellena el cántaro o ánfora o
vientre, éste derrama el agua y salpica. Te diste cuenta
de que la luz del azulejo es lejana al azul cerúleo;
te diste cuenta de que la decoración fastuosa del casino
solo esconde a tristes que pagan la cuota para
leer el periódico solos. Y un grupo de escolares,

en su recreo, salen al supermercado para comprar,
igual que la jubilada que da conversación a la
cajera, un bollo relleno de aire: en sus ojillos el dulce
es más tierno. Al llegar a Murcia me desaconsejaron
pasear por La Fama. Allí vi a un cocainómano
pincharse bajo una jacaranda, aún no había
explotado en púrpura la jacaranda
como en la procesión que un Salzillo me promete.
Una ciudad de clima triste parece decir, sin yo entenderlo,
la estatua de Alfonso X frente a una rotonda que aquí
llaman plaza. Hay estatuas que no entiendo
como ese busto de un poeta que mira fijamente a la nada
esperando a que se ponga en verde y cruzar, así,
la calle. Cuando la sesión de la filmoteca es a las nueve
y media terminas pasando por la confitería para
comprar un pastel de carne. Todo esto suena como
regionalismo; nadie come pasteles, marineras,
zarangollo o moja con limón, pimienta y aceitunas
las patatas fritas. Nadie sigue al río por el Malecón
hasta las huertas, pero eres extranjero y te encuentras
haciendo justo esto.

II

Hace tiempo que leí los cuadernos de viaje de H. Heine por
Alemania, por Italia. Era divertido leer cómo el poeta,
aunque intentara distanciarse, se veía envuelto en las
costumbres más *turísticas* de aquellos lugares. Y eso que él
era un turista y se presupone que uno quiere hacer lo típico.
Sin embargo, alguien que pasa a vivir, habitar, una
comunidad, pues nunca se convive verdaderamente un
espacio, termina por convertirse en un estereotipo de
postal.

III

Me paró una alemana para preguntarme
«¿por dónde ir a la *arena*?» No entendía
que buscaba la plaza de toros.
Le respondí «por lo que tengo entendido en Murcia
capital no hay playa».
Desde la sala 3.11 del aulario de la Merced, facultad
de Letras, «se masca el naranja que pespunta la torre de la
catedral» escribió alguien. He sorprendido en esa
clase a una pareja, desnudos ambos, amándose
                                              [en las últimas filas;
y les digo que lo siento, tengo clase ahora, pero solo quiero
sentir el sol, ver las peñas bordeando la ciudad. Son
las tres y media, suena la campana, no sé exactamente

el porqué. Sonará mux*er* o mu*ll*er o mujer y no importa:
el tiempo no es lugar para el poema digo el amor,
es decir, la canción: este paseo. Y toma la palabra ella
como un cáliz de bronce. Puede que no quede ni catedral ni
minarete, ni plaza de artillería, de flores o del grande ficus,
pero esa culebra arañada por los patos que llaman Río Segura,
seguirá allí con o sin puente de los Peligros, con o sin aves.

IV

La huerta aparece en su fructífero ciclo de recolección
que es lo único que sobrevivirá al advenimiento.
La estampa que tú y yo hemos visto, en este paseo
al centro de la historia, dinamita los límites
e instaura un reino de vaho.

/ ADVERTENCIA /
Seré honesto.
He pensado muchas veces
en borrar ese poema.
Hacerlo desaparecer.

COMENTARIO

Deja de escribir aquel paraje y dime que se conocieron
jugando a las cartas: ella, morica; el *habibi*, cristiano ¿era
así la historia, no? Me imagino las manos del azar
como zorzales. Zurce estos hilos, quiero oírte.

GARZAS

Aunque sabía la respuesta, te pregunté cuál es
el nombre de aquella sierra y no supiste contestarme.
En el espacio que queda entre nosotros, pude engarzar
un vado, un salvoconducto y me dijo:
Muxer, hoy quiero confesar que soy cristiano,
que esta tierra que cantas de sensualidad y aves
no es la mía, pero la hago mía cuando sobre
tus uñas veo reflejado el Segura. Muxer, no sé
el nombre de la sierra que cerca el paisaje, pero sé
el nombre de todas las explanadas por donde han
de correr los caballos. Muxer, que no tienes nombre,
déjame regalarte las constelaciones.

ZARZAMORA

Cautívame con tus brazos furtivos, atráeme
a tu pecho donde se te enquista un pelo, donde
el músculo bombea rojo hasta las fronteras
para instaurar un nuevo reino, nuevas enseñas;
reside allí esa mirada ávida de espíritu:
son tus ojos pardos como todos los gatos de la noche.
Hazme tu cautiva y si me pides que disloque
mi mandíbula para que anides en ella, lo haré
con feldespato o con ladrillo o con lo que tenga
a mano. Mis murallas están abiertas, *habibi*,
solo falta tu ofensiva sobre el cerco. En el rechazo
del esparto al río, diré que ardió una zarza muda.

ANOTACIÓN BREVE

La pasión en la frontera, que son dos cuerpos
en colisión, no es fácil. Descorres todas las cortinas
y ves, por fin, donde se incrusta el pelo más obscuro.

GRÁZNAME EL PORQUÉ DEL CUERPO

Me agarraste de las trenzas, *habibi*, y entre juncos,
como desovan las ranas, te conocí sólo con el cristal
del sudor en esta noche zoológica: lo que el río lleva,
(suena el zazarreo de las chicharras) el río lo devuelve
al manantial. Te agarré de cada axila y en el reflejo, turbio
por el barro y los peces, pude reconocer el perfil de
una muxer que, sin tiempo, besa a un hombre,
sin tierra donde decirse amada, besa a un hombre.
Nos deformamos en la vega del Segura con el
paisaje sonoro; grazna, *habibi*, como si fueras un
somormujo; yo te responderé con un ave
menos exótica: gráName el porqué del cuerpo.

PROSA

Me gustaría confesar con una cadena de eslabones de ortiga en los muslos que no quise, no quise, no quise perderme en sus manos. Me gustaría decir que no le amo, pero mentiría, mentiría. Soy una infiel, infiel entre cristianos; ingrata con mis tradiciones. Pero solo puedo gritar que amo con tanta fuerza que mi carne es cera de cirio encendido. Me doy nueva a la nueva religión de un río.

PEQUEÑO COMENTARIO

Non e' fatzil amar mandaron acuñar en la campana
y cuando repica responde *sed e' una ventura incredible.*
En la guerra fueron fundidas para hacer cañones,
y todavía entre la pólvora vibra la nota templada.

SOLO QUEDA HUMEDAD DE LAS HOJAS

Voy a gritarte la verdad a la boca
cambiarte de nombre hacerte mi amante
irrumpiré sin invitación en tu huerto
para quemar las adelfas, cargar el aire
de ceniza robarte la tierra y ser la humedad de las hojas.
No me importa lacerarme los labios
con higos chumbos, perder el color de mis ojos
y beber limonada caliente con un chorro
de tu sangre sabor céntimo
y entre mis palas hallar la cana esa tuya
que crece volcánica en tu barba.
Desde ahora seremos amantes,
en este huerto vedado te reconozco: *Habibi.*
Construiremos un lenguaje secreto
para decirnos lo cotidiano que será
poco a poco más obtuso.
Y quemadas las adelfas el boj y los tarayes
estaremos a la vista de todos resguardados
por un manto ceniza-nieve.

CAMBIARTE DE SITIO ES
HACERLO DE NUEVO

He soñado con un ave que tiene un nombre extraño
y que atraviesa el mundo, sus corros y nos habla,
pero sé que me dijo no es momento aquí
de que acontezca o tal vez no es momento aquí
de hablar del resto. Cosemos nuestra mirada,
habibi, tengo miedo de que este cuento
se desdibuje en los labios de otro,
porque siempre repito los mismo gestos
y he fracasado, *habibi*.
Pasa un pájaro con su corte de treinta aves.

CÓDIGO

Escribamos, *habibi*, nuestras cartas con letra cortesana
y, así, quizá, cuando ni huesos queden como testimonio
de lo que ahora somos, una estudiante caligrafíe el dicc-
ionario de nuestros gestos: en su mano está lo impronunciable,
en su transcripción, dinamitado el misterio de esta historia.

PAUSA DURANTE EL CUENTO

Te chupaste los labios durante la pausa, relamiendo cada
mentira que me cantabas. Muxer o *habibi*, pausa larga,
descanso, a veces no tenía claro quién hablaba... podrías
hacer diferentes voces te dije. Y me desarmaste con un
«cuenta tú si quieres el número de letras que caben
entre una cana y una coma». Ya había oído ese juego,
te repites siempre con tus motivos.
Pausa, y volvimos a la narración del poema.

/ ADVERTENCIA /
Seré honesto.
Lo valioso de este cuento
está en su reescritura,
perderlo, reencontrarlo,
ya entenderás.

OTRAS AVES DEL CUERPO

Me cubrí con tu bandera de vencejos
el vientre, *habibi*, mientras palpita cada una
de mis uñas. Siento tanto el peso,
la responsabilidad, la epístrofe de una estrella,
colcha de constelación bordada con titanio;
siento tanto lo que me das bajo el ombligo
y te afirmo, con los brazos cruzados sobre
el pecho, con un lirio como aguja enhebrada
y abierta la Biblia en Isaías, que sí quiero
ser madre.

SE ME REQUIEBRA LA VOZ
PENSADO EN EL FUTURO

Construiremos esta casa con ceniza
como adobe;
soplarás el vidrio más azul para
el ventanal, pilar maestro, este
representará el límite entre la atmósfera
y el profundo incoloro sin oxígeno.
El suelo, de paja caliente, sin alfombras.
La puerta, una sólida rama
de secuoya, siempre entreabierta.
Toda la luz, un cirio blando
donde una P y una X casi flotan.
Y después de cada tormenta, tras solo quedar
la elástica estructura de bambú trenzado,
amasaremos de nuevo el minarete.

UNA LÍNEA

El *habibi* —en Lurca— quema un árbol y se afeita la barba.

POR TI DOY MI CREENCIA

Ante las pequeñas variaciones del kirie
permanecí impasible; pero al levantar
la hostia, sol de oblea, me entraron ganas de llorar,
reír: he de proclamar que te quiero, cristal, onza de marfil.
Y te deshaces con el calor de la saliva
y te haces con el calor del aliento, velo translucido.
La voz falla y solo quedan,
recuerdo de la vibración en el artesonado,
las dos últimas notas de ese kirie flotando:
en principio estaba el principio, modulaciones
sobre el *eleison* y la palabra que no falla y se hace
transparente.

NO QUIERO, PADRE, NO QUIERO

No quiero pedirte disculpas, padre, no quiero,
porque voy a construir una familia y no quiero
que, por ser él ser cristiano, tú no le quieras.
Padre, que sé de tu clemencia, padre, no quiero
que le mires como me miras ahora, padre;
perdóname, pero voy a construir una familia
y quiero que reine la felicidad. Padre, ven,
únete a nuestro abrazo, pero no quiero que
cuando nos besemos me marques con un clavo.
Padre, no quiero que cuando mi hijo nazca no reciba
una sonrisa de su abuelo, padre, si traes la sonrisa
entonces ven.

SE PERDIÓ ESTA PARTE DEL CUENTO

Y me la invento. El *habibi* le escribe una carta diciendo que no va a volver, aunque la ama. Y yo también te amo. El *habibi* trenzó su barba ya cortada y construyó una jaula que siempre estará vacía, es decir, plena de aire. La muxer, loca de amor, deambula por Murcia y se da cuenta de que ha atravesado el tiempo y ya está en todos los tiempos. No se sorprende al ver una bicicleta y un avión que confunde con un cometa. Solo se conserva un reproche.

REPROCHE

Se me pega el calor en los huesos y se me hace
una nueva carne que tendré que sudarla o arrasarla
con lanilla metálica. Levantas tu mano,
aquel gesto de luz de las estatuas, y me la
encuentro poblada de vello, cerdas obscuras,
rastrojos de tal vez una matanza. Sin barba eres
un niñico en la vega, sin barba eres uno de esos
peces siluros que se tragaron la medalla de la Virgen.
Con este calor solo se me deja pensar
en un árbol ardiendo que, en conversación, arde a otro árbol
y este a otro y se hacen incendio:
eres un baluarte de ceniza y humo,
olor a huesos de aceituna. Me dijiste que eras un caballo
de esa extensión que llaman huerta o llano,
y eres un *pece* con una costra de sal-calor por piel viscosa.
Trágate la baba que supuran mis meandros,
habibi ya no es un río de Murcia.

ALFONSO X

Alfonso, sobre tu trono, traduce este paseo
donde hay un cartel que grita: *Habibi,*
te llamó una niñica en Lurca;
Habibi y volviste tu barba, brilló la estrella
de tu corona, perfume espeso, sonríes.
Habibi es un escudo que bordar a las armas.
Alfonso, sobre tu trono, estatua
que nos despides. En los pliegues
de tu manto *habibi* es una palabra
que guardaré entre los míos.
Alfonso, monarca, traduce lo siguiente:
resguardados por un manto ceniza-nieve
quedaremos carbón sobre el cieno térreo,
quedará como coma esa cana tuya
y como punto esta peca con que cierro.

PASEO CON OLOR DE ADELFAS

Es de noche y se oyen las chicharras entre las palmeras
la torre de la catedral iluminada, un espeso olor a agua:
noviembre calor y las mismas estrellas en otro lugar.
Por el paseo del Segura me conduces donde empiezan
las huertas y no hay luna, algún ciclista ilumina la vega
y nuestras siluetas recortadas se proyectan sobre los tarayes.
Queda la chispa del mechero en la montura de tus ojos:
dame una calada quiero toserte todos los trinos de las aves
pincharme la boca mascando trigo seco y quemar las adelfas.

BREVE COMENTARIO

No quiero recordar el motivo de que la historia
se repite, pero esta pasión entre la muxer y el *habibi*
habla tanto de nosotros que me atraganta.
¿Y todo esto para qué, *habibi*? ¿Para quedarme callado, perder-
me en un recuerdo? ¿Para integrar el Segura con
las curvas de tu cadera?
Dicen que la memoria salta como un saltamontes
y he borrado un verso que lo explicaba todo.

OTRA NUEVA CORTESÍA

No puedo cantarte más, no puedo juntar más palabras,
tengo que madrugar, a las cuatro me subo a un tren
que me devuelve al Segura. Y las vías son un renglón
donde colocar las mentiras.
Voy a reunirme contigo, *habibi*,
para que me susurres tu nombre
¿cuál es tu nombre?
En esta noche sin tiempo, ficción de la verdad
que nunca te confesé, quiero terminar diciéndote:
Amé, te amé sin comprender todo lo que te amaba.

Amén.

IIIᴬ PARTE

GARCILASO
O UNA SERIE DE VARIACIONES MUSICALES
SOBRE LOS XL SONETOS
DE GARCILASO
EN DONDE SE TEJEN
FRAGMENTOS DE AMOR U
OTRA CORTESÍA

Y el golpe, que en vos hizo amor vano,
non esservi passato oltra la gona.

GARCILASO & PETRARCA
SONETO XXII

I

Tras esta luz eres una fábrica de baile:
perder el ritmo, acabar la noche
como un paseo similar al callar siempre.
Te vistes con esta luz como un ángel,
son necesarios nuevos nombres
para invocar el daño de tu ausencia.

II

Las manos que matan y callas
cómo moldear el silencio con gestos.
Calla, quiero oír al baldaquino,
arqueología de la luz de la violencia,
palpar un sabor que desconozco.

III

La luz roja del sensor no reconoce
                [el código de los billetes,
nos vamos lejos, más lejos de lo permitido
en los manuales de ese amor cortés.
Una mosca y un pájaro que la persigue.
Me quedo en tierra, estatua de calcita
y tú: una espuma.

IV

desnudez / levantar(se) / levantar los brazos / un monte
y correr
siguiendo la palabra, es decir, tu sombra es decir
tiritante-tirante.

V

Declaración de amor incondicional,
estatua,
levantar otra vez el dedo índice de las estatuas
bendición bendición de tu gesto.

VI

Te habré de desnudar en las afueras.

RAMÓN ANDRÉS

Descuidar el remedio y al paseante
roca en esta enfermedad
que se dilata
si la miras con fuerza dicen que levita, roca,
si nos encontramos en el límite
te revelas (inna)accesible / inmarcesible.

/ ADVERTENCIA /
Estos poemas son fragmentos
en donde tú, con amor,
debes rellenar los huecos,
es decir, la ausencia.

VII

Ropas mojadas + seguir el juramento;
paralela,
técnica del paño mojado
y hay un plástico de obra
ondeando como la última bandera
atrapada en un chopo.

VIII

Teoría de los espíritus visivos / pero
        [contra un muro, hay rechazo,
abrazo entre desconocidos.
Si me cantas todos los posibles
nombres de las cosas, una piedra
flota.

IX

Ausencia de la amada:
Renacimiento,
pero estás
gozada en ser presente
desdibujando en la distancia.

X

Ropa mojada & mar & rima aguda
(de)compuesta
la playa se aleja descompuesta,
en el espumillón un reflejo
del dorado de la medalla.

XI

> *Maîtresses de l'âme, Idées,*
> *courtisanes par ennui?*
> PAUL VALÉRY

Convertirse en fuente – lágrimas
y las ondas,
aburrimiento,
las ondas río – en la radio suena
una entrevista:
repites las citas aquellas que
ondas de radio ondas de río
te aprendiste de memoria,
ahora te ríes diciendo *sac-*
rificio.

XII

Apenas en el agua resfriado,
forjaron, apenas, en el agua → resfriado:
un chico chasqueando el meñique
se cae, precipita la estampa de
¿te acuerdas del niño que se ahogó?

XIII

Transformación / laurel
palomas que anidan grises
como todo discurso;
evanesce con la erosión,
voz del aire ¿dónde estás?

XIV

Pedir algo
comedor
me niegas el turno en el comedor
y sopa fría: tú, que me abrasas.

XV

El canto amansa a las fieras,
culebra,
atrae el canto a las culebras y a las piedras:
una vez lapidado el orfebre,
dame un beso blando.

XVI

(cartón – canción)
A la sepultura de alguien,
cartón,
pasaje de cartón – galería de prodigios
leí en el cartel: Carnicería.

XVII

Juego entre noche-clara-oscura /dulce –
        [compañía amarga y dura
me conectaré esta noche clara,
espero poder oír tu voz
a través de kilómetros de
cable eléctrico que vibra.

/ ADVERTENCIA /
En estos poemas se habla del hueco
y del fragmento y de lo que falta.
Una metáfora es un enlace entre algo,
esta metáfora sigue buscando ese vínculo.

XVIII

Cera verde,
cirio que
palpita y huele
como todo el campo:
tu mano es carne.

XIX

Garcilaso, después de que partiera llorando
de quien jamás mi pensamiento parte
y dejé mi alma aquella parte
que al cuerpo vida y fuerza estaba dando,
de mi bien a mí mismo voy tomando
estrecha cuenta y siento de tal arte
faltarme todo el bien que temo en parte
que ha de faltarme el aire sospirando.
Y con este temor mi lengua prueba
a razonar contigo, dulce amigo,
de la amarga memoria de aquel día
en que yo comencé como testigo
a poder dar noticia del alma vuestra
y a saberla de ti del alma mía.

XX

Abrazar el dolor frío
dame algo esta noche,
voy a recorrer tu casa en la oscuridad.
Fue entonces que trinó un pajarillo
tu lengua materna en el aire.

XXI

I'm gonna trust you even though we met tonight
But I'm gonna take you all the way
Baby, can I take you all the way?

JUAN DE MENA

Palpas todo lo que está a la vista
y todo lo que está a mi lado se ilumina;
bailas frente al espejo-otro, besa
mis cicatrices porque amo lo que me hicieron:
recomponer la carne y ser un único vacío.

XXII

No se consuma el amor con la amada
cualquiera puede ser que no seas tú.
Cera caliente y un bicho que se
posa.

CARTA A BOSCÁN
(GARZA Y LAZO)

Vengo aquí con un fusil en una mano y una rama
de olivo en la otra. No dejéis que se caiga la rama.

YASER ARAFAT o, tal vez,
MAHMUD DARWISH

Por mucho que unjas y afiles tus armas, caballero,
lo único que no terminará mellado es
tanto como el amor de parte mía
que escribes al comienzo de una carta
a un amigo. Por mucho que erosiones
la tierra, caballero, y persigas las aves,
escapa siempre la garza evitando tus tiros
y los caballos refulgen sobre el llano.
Juntamente has de cantar a los amarres,
a los lazos que condensan el vaho
para regar al tomillo, al tejo y al Tajo.
Juntamente has de cantar o besar cada pliegue de la piel
que no llego besar. Juntamente has de
nombrar los límites de lo que no se puede decir.
Pero, tomas la espada hoy, caballero, tomas
para rasgar la carne, asesinar al hermano,
quemar las ruinas ya quemadas, tomas
para borrarlo todo y hacerte un nombre.
Tómalas tú, caballero, que yo te quiero
cerrar el fusil con la boca y que la rama no caiga.

XXIII

Bodegón de flores:
naranja con moho, rosa
olor contrachapado
y ¿dónde dejé la medallita?
(inicial G y sigue *arcilla*).

XXIV

Luciente arena azar de un copo de nieve,
cazar hiriente a Eva y ponerle tu nombre.
Aún borraré cuanto haga.
Voy a borrar todo lo que tengo.

XXV

Esparcir tierra:
explanadas,
montoncitos y tú
una larga piscina.

XXVI

Resisto con tal furor que un monte rompería,
brazos,
soplar toda la arena, dejar a la vista el pleistoceno.

XXVII

Hábito (costumbre & prenda)
de cuerpos que solo una vez
se han visto – te desvisto.

XXVIII

Selvatiquez ('falta de cultura'): agarré todas las palabras
y *selvasalta atávico qué* /q /.
Nunca recibiste esta carta,
pues fuego-que-tengo-en-las-manos
(fuego con el que camino),
nunca recibiste la carta.

XXIX

Nadar río Nada y tú:
otro Renacimiento,
naces dos veces en el
desprecio de siempre.
Si tu gesto es un pájaro.

XXX

Colgad en vuestro carro mis despojos que tu chorro
de saliva salvia sabia adornará la tumba-móvil.
Haz un soneto de haces que sea fragmentillo
donde tu voz resuena como una campana.

XXXI

Es impronunciable el nacimiento no deseado
que se vuelve, iba a decir *espuma,* pero digo
entraña, coágulo y *pelitos translúcidos.*

XXXII

El sufrimiento ya me desconoce: descanso
sin sueños donde suspirar / el mismo son-
ido te has ido que el de la hoja que retumba sobre
el parque.

XXXIII

La Goleta o el Gólem el fuego y la llama,
cubrí el parqué de tinta y perseguí mi rastro.
Pajarillo que cantas sobre el vuelo,
¿te acuerdas?

XXXIV

If no one came to try it
the world / would be the loser
WILLIAM CARLOS WILLIAMS

Alegrarse de la bondad de los otros;
miro el ventanal cubierto todo
de teselas-papel-celofán-azul-eólico,
la gaviota pasa y me recuerda a tus cejas
frente a este mar inmenso de calima.

XXXV

Mario sin lengua mudo
de aquella que declara los conceptos del alma
(esto es la boca así claro translúcido):
hay una abertura en un árbol donde dicen que
está tu voz siempre-encendida.

XXXVI

Ya tengo menos dolor porque me gusta el dolor
Encuentro un dolor menor, que recibo y me place
y siento la vibración en el pliegue.
Si golpeo con suficiente fuerza
lo que brota no es coágulo;
agua tibia.

XXXVII

Un cuadro a.punto.de.saltar del clavo:
hablar con un perro (can)
en el desierto. Tu perro lo llamaste *perro* o, tal vez,
no te molestaste en nombrarme.
Sí puedo – *Yes, I can.*

/ ADVERTENCIA /
Y Garcilaso habló alto y claro
«hay una inconsistencia en esta nuestra cortesía,
pero no me importa.

Te extiendo un abrazo
y te digo
vuelve a leer, desanda el camino»
y recuerda que es
un fracaso.

XXXVIII

La oscura región de vuestro olvido
bañado en lágrimas confunde
todos los tonos del vidrio
y es un pequeño frasco pequeño
que me llevo a los labios mientras
repito *repito* y saboreo.

XXXIX

No me quiero casar contigo
bienaventurado desconocida.

TRONCO

Hay una serpiente camuflada en el terrario,
su veneno solo te adormecerá la mano,
el tiempo suficiente para que sueltes la medalla
y eso que guardabas, vuele.

XL

He labrado estos poemas con mi angustia
                    [y mi dicha y un pajarillo
que trina amor mientras digiere un bicho:
Ilumina la calle con tus faros
porque ahora, tú, ¿me reconoces?

IVᴬ PARTE

Un único poema final
para terminar
este
sendero
o lo que sea esto

OTRA CORTESÍA

Este último poema quisiera
ser la oración más clara,
pero creo que es imposible,
porque es una derrota,
un paso atrás, un error muy largo,
pero que queda, se niega a desaparecer
y nos miramos a los ojos
serenamente
y me dices
«voy a volver atrás y pensar que todo esto
tan raro, tan diferente, tan inconexo,
son reescrituras de lo mismo»
y cruzamos las manos y el gesto se trenza.

AGRADE/CIMIENTOS

Un libro es un fragmento de otro libro, quizá más grande, quizá solamente un gesto. Aquello que quiere enunciarse, inscribirse, pero se frustra. Un intento. Un intento frustrado. En esta lógica del descarte y la arqueología, del montaje de una exposición cancelada, de lo que pudo ser y se quedó en el resto, del anticlímax... se instaura *Otra cortesía*. Poemario en cuatro gestos que se trenzan. Estos gestos no hubieran sido posibles sin las manos cuidadosas de Juan Álvarez Iglesias y Lorenzo Roal. Ambos confiaron en este proyecto y ayudaron en su con*formación*. En un nivel íntimo, esta *Otra cortesía* no habría sido posible sin las conversaciones con Ane Linde, Mikel M. Ciriero, Pilu Bravo, Naia Carlos, Aniana Alfaro, Dani Franco, Leire Ipas, Sergio Irañeta y Pepe Belló, amigos atentos y generosos. También gracias a mis padres, en su apoyo cuidadoso. Cuando visité la exposición *Querido espectador, ¿qué miras?* (Museo Universidad de Navarra, 2025) se me hizo explícita la cuestión del vínculo entre el espectador y la obra artística. En esa exposición se ensayaba desde la generosidad con qué tipo de espectadoras reclamaban las piezas. No sé qué lectores reclama *Otra cortesía*. Quizá enamoradas. O tal vez míticos, fantasiosas, detectives. Quizá cansados. De esos que buscan cómo dejar de buscar.

Al final de la muestra, la pieza *Tunnel Boring Machine* (2021) de Teresa Solar Abboud desplegaba sus lenguas o alas de color como queriendo tocar a las visitantes, fundirse con elles. Puede que *Otra cortesía* quiera fundirse para desaparecer. Apuntar al futuro. Apuntalar. Ser un resto. Ser un resto donde habita una posibilidad. Un intento. Este intento que se funde, agradecido, contigo.

UNA CORTESÍA DE JAVIER YÁNIZ CIRIZA

JUAN ÁLVAREZ IGLESIAS

I

Javier Yániz Ciriza inaugura la colección "Horizontes" por todo lo alto y, por eso mismo, la dificultad de escribir un epílogo no ya a la altura, sino a su sombra es una tarea difícil, por no decir imposible... Ha cambiado mucho este libro desde que nos lo enviara a Lorenzo, el maquetador, y a mí, porque muchas horas de lectura y diálogo nos ha regalado el poeta. Esa es la labor de quien edite: ser catalizador del autor. La misión del editor es hacer del libro su mejor versión posible. Entonces, tampoco podía caer en un epílogo en el que predominara la ficción, pues eso interferiría con el arduo trabajo de Javier. Incluso pensé en jugar con la etimología de su nombre (*habibi*) con el contenido del poemario, pero eso sería lo fácil.

Por todo esto, me he provisto de varios libros: *La poesía de los trovadores* de Martín e Isabel Riquer, la edición crítica de la poesía de Garcilaso que hiciera Bienvenido Morros Mestres, la bellísima traducción que firmó Luis Alberto de Cuenca hace poco tiempo de los *Lais* de María de Francia, el magnífico ensayo de Jaume Vallcorba titulado *De la primavera al Paraíso* y un largo etcétera. Con semejante arsenal he querido hacerle justicia al libro que el lector ha leído antes de este epílogo. Los creadores siempre tienen el mérito de crear, mientras que los críticos solo escribimos estériles comentarios. Esto me lo dijo uno de los mayores intelectuales ágrafos que he conocido: Marcos Castro.

En fin, si quedara (que lo dudo) algún imprudente lector, os dejo unos párrafos de reflexión a partir de las glosas (literalmente lo fueron) que hice de mi última lectura atenta de *Otra cortesía*. He intentado, sin mucho éxito, hilvanarlas. Sin más preámbulos (que esto es un epílogo no un prólogo) ahí van:

II

Farai un vers de dreyt nien.

GUILLERMO DE AQUITANIA

Estamos ante una arqueología de la sentimentalidad, como la crítica genealógica que hicieran Foucalt y Judith Butler. Volver al mundo del amor cortés es regresar al nacimiento del amor. No es este un sentimiento romántico ni hiperconsumista. Aquí asistimos no solo a la consagración de una ética vital, sino también de abordar la escritura. Yániz se ha sentado a dialogar con Arnaut Daniel, Ben Sahl y Petrarca, entre muchos otros. En ese tiempo en que amor y enfermedad eran casi sinónimos, porque, siglos antes, ya lo dijo Safo: «*Eros the melter of limbs (now again) stirs me— / sweetbitter unmanageable creature who steals in*»[1].

116

El amor, decía, es aquello de lo que nos habla el poeta desde una polifonía abrumadora. Se convierte en un nigromante que revive a los trovadores para reinventar el sentimiento amoroso; un nigromante como los que habitan en las novelas caballerescas y en los *roman courtois*. Recordemos un poema:

Aunque solo nos conozcamos de vista,
hablemos del tacto, de esta sensación tan conocida
de pasar las hojas y de aquella posible noche
donde quizá bailemos juntos, hablemos,
hagámonos una fantasía, hablemos
y, aunque solo nos conozcamos de vista,
guardo cierta esperanza en que ocurra
quizá algo no sé dame una oportunidad
sé un poco comprensivo, no tengo mucha experiencia.
Ya solo falta encontrarnos y pasarse los contactos.

Aquel «amor a primera vista» en el que cayeron Hero y Leandro vuelve a aparecer, pero esta vez, las barreras no son un estrecho, sino la incomunicación, la timidez... Los titubeos y el monólogo interior son perfecto reflejo de una sentimentalidad histórica, arraigada en nuestro tiempo y con sus propias problemáticas, como ya defendiera Juan Carlos Rodríguez[2].

---

[1] «Eros que derrite los miembros (una vez más) me perturba / dulciamarga criatura ingestionable que dentro escala». La traducción del inglés es de quien firma este epílogo. En un acto de perversión textual que ya hiciera Anne Carson en su edición crítica *If not, the Winter*, de la que se toma la cita, y que se practica con tanta fortuna en este libro.

Yániz canta aquel «*tant' amare, tant' amare, habib*» y asume la voz de todas aquellas a las que glosaron las moaxajas. «La épica nace y muere con la *Ilíada*», ha dicho en más de una ocasión Luis Alberto de Cuenca y así lo ha asumido el poeta cuando en la segunda parte no escribe un largo cantar, sino fragmentos de una historia que recuerda a la de *El Abencerraje* o la del morisco Ricote. Yániz ha aprendido que las grandes historias de amor, como la de Paolo y Francesca, se cuentan en voz baja, susurrando, para que, de esa forma, más cerca del silencio, sea más comprensible aquello que no puede serlo. Nos cuenta pequeños episodios a los que asistimos como cortesanos en Provenza escuchando maravillados un dulce lais. Silencio. Escuchad:

Hazme tu cautiva y si me pides que disloque
mi mandíbula para que anides en ella, lo haré
con feldespato o con ladrillo o con lo que tenga
a mano. Mis murallas están abiertas, habibi,
solo falta tu ofensiva sobre el cerco. En el rechazo
del esparto al río, diré que ardió una zarza muda.

Hemos regresado, por un momento, a la mentalidad medieval, en la que todo es símbolo. La parte existe en sí misma y no necesita saberse el todo. El poeta se teje con el resto de textos que le precedieron para volver a hablar del amor, pero sin aquella amargura petrarquista. No busca una

[2] *La otra sentimentalidad. Estudio y antología.* Ed. Francisco Díaz de Castro. Sevilla: Fundación José Manuel Lara, 2003.

definición grandilocuente, sino los indicios, porque, como advierte el Arcipreste, «entiende bien mis dichos e piensa la senteçia». El poeta reencarna a Ficino y afirma con él que no es el odio la fuerza que mueve el universo, sino que es el amor. Nos encontramos, pues, en la frontera del significado, en el lugar donde el conocimiento científico no alcanza, pero sí el poema[3]. Con la poesía intenta comprender ese límite, el mismo que separa los cuerpos, el mismo que separa a los amantes: «La pasión en la frontera, que son dos cuerpos / en colisión, no es fácil», en sus propias palabras. ¿Habla de aquellas fronteras líquidas que había entre moros y cristianos?, ¿acaso es la excusa para hablar del amor como límite intangible?

En la tercera parte, Yániz dialoga con Garcilaso, reescribiendo sus sonetos uno a uno. Igual que sucede con la écfrasis, el poeta fija su mirada en momentos puntuales

---

[3] Mucho mejor lo dijo Valente en *Palabras de la tribu*: «En el momento de la creación poética lo único dado es la experiencia en su particular unicidad (objeto específico del poeta). El poeta no opera sobre un conocimiento previo del material de la experiencia, sino que ese conocimiento se produce en el mismo proceso creador y es, a mi modo de ver, el elemento en que consiste primariamente lo que llamamos creación poética. El instrumento a través del cual el conocimiento de un determinado material de experiencia se produce en el proceso de la creación es el poema mismo. Quiero decir que el poema se erige al darle forma poética: el acto de su expresión es el acto de su conocimiento».

para dar su visión, actualizando los poemas, apropiándose de aquellos fogonazos que han deslumbrado durante cuatro siglos a innumerables lectores. Cualquiera puede cotejar el texto garcilasiano para comprender el secreto lazo de ambos. Me interesa ese Garcilaso apócrifo, reinterpretado. Anne Carson es una referencia inexcusable a este respecto: igual que Helena se metamorfosea en Norma Jean Baker (Marilyn Monroe) la voz del poeta renacentista se confunde con la del autor para reescribir los códigos del amor, rejuveneciéndolos.

La poesía de Yániz es una herida mortal de necesidad. El poeta retrocede en el tiempo, a la primavera del amor, para desmentir a los ancianos en exceso escrupulosos, como diría Catulo, que hablan de la nueva sentimentalidad como una degradación de la suya. ¡Nada más lejos de la realidad! Se trata de una nueva cortesía, una líquida, que nos asusta, porque todo cuanto creíamos saber del amor se ha desvanecido. Sin embargo, todavía queda esperanza, y el primer paso será esta *Otra cortesía*.

ÍNDICE

Iª PARTE.................................11

Kosovo.................................13

Pequeña.................................14

Cambiarlo de sitio es hacerlo de nuevo.................................15

Gente que hace cosas.................................16

In a station of the.................................17

El agua y el cambio son sinónimos.................................18

Símil.................................19

Colectivo contacto.................................21

El tatuaje es de otro.................................22

Pagoda.................................23

Parece que es oficio impostado.................................24

Diane Arbus, oscuramente.................................25

Siempre repito los mismos gestos.................................26

Pigmalión granito.................................27

Calímaco.................................28

Phone call o este es un poema descartado
de *América y paisaje*.................................29

Abora, Maspalomas.................................30

Cuando la fe mueve montañas.................................31

Declaración de responsabilidad.................................32

Aquel gesto.................................33

Royal.................................34

Solo quiero oír tu voz.................................35

CROL...36

ARQUEOLOGÍA DE LA LUZ...37

WAVE..38

ANTÍLOPE..39

HAY UNOS CUADROS ROJOS...40

MIEMBRO FANTASMA..41

IIª PARTE...43

PROEMIO..49

PAISAJE REGIONAL...50

COMENTARIO...57

GARZAS...58

ZARZAMORA..59

ANOTACIÓN BREVE...60

GRÁZNAME EL PORQUÉ DEL CUERPO.............................61

PROSA..62

PEQUEÑO COMENTARIO...63

SOLO QUEDA HUMEDAD DE LAS HOJAS..........................64

CAMBIARTE DE SITIO ES HACERLO DE NUEVO...............65

CÓDIGO...66

PAUSA DURANTE EL CUENTO...67

OTRAS AVES DEL CUERPO...71

SE ME REQUIEBRA LA VOZ PENSANDO EN EL FUTURO.....72

UNA LÍNEA...73

POR TI DOY MI CREENCIA..74

NO QUIERO, PADRE, NO QUIERO......................................75

SE PERDIÓ ESTA PARTE DEL CUENTO.............................76

REPROCHE...77

ALFONSO X...78

Paseo con olor a adelfas..79

Breve comentario..80

Otra nueva cortesía..81

IIIª PARTE..83

I - XL...87

IVª PARTE..109

Otra cortesía..111

Agrade/cimientos..113

Epílogo de Juan Álvarez Iglesias...............................115

Otra cortesía, de Javier Yániz Ciriza,
primer número de la colección
EOLAS horizontes
se acabó de imprimir
en octubre de
— 2025 —